AF606999

Ediciones de Poesía

Fernando Sarría

La lluvia azul

OLIFANTE
Ediciones de Poesía

*Olifante. Ediciones de Poesía, fundada y dirigida desde 1979
por Trinidad Ruiz Marcellán
Segunda época*

*Edición conmemorativa del XLV Aniversario
de la creación de OLIFANTE. Ediciones de Poesía*

La lluvia azul
de Fernando Sarría

*Este libro ha sido publicado con la ayuda del
Departamento de Presidencia, Interior y Cultura del Gobierno de Aragón*

*Editado por OLIFANTE. Ediciones de Poesía
Diseño gráfico: Vicente Pascual*

*I.S.B.N.: 978-84-127338-3-9
Depósito Legal: Z 51-2024
Impreso en España por
COMETA, S.A. Carretera de Castellón, km 3,400. 50013 Zaragoza*

Foto: Josian Pastor

Nocturnos

Que se haga noche. (Piedra,
nocturna piedra sola.)
Alza entonces la súplica:
que la palabra sea sólo verdad.
J. Á. Valente

ALARGA tu mano,
la noche está tan cerca
que respira en ti.
Ahora podría acariciarte
como hacen los silencios
alimentándose del horizonte.

Quebrada la oscuridad,
es tibia tu piel derramada sobre las sábanas.
Reconozco el estremecimiento del deseo
en cada hueco de tus vértebras,
pero no sé cuántas palabras cubren una despedida.

GUARDO en mis manos la geografía de tu cuerpo.
De norte a sur
viajé al galope de un rayo de luz
hasta pernoctar en medio de la oscuridad,
cuando yo era un ciego
y tú el misterio de lo desconocido.

¿Oíste, amada mía,
los latidos del hierro?

Adolfo Burriel

HABITO en tu corazón
cuando el mundo duerme
y un mirlo negro canta en el bosque,
abriendo despacio el día.

Son las horas tempranas de la ausencia,
las horas del acecho,
la humedad de la noche
ha dejado signos del desembarco.
La urdimbre de tus huellas
eriza y tensa mi piel de nuevo,
mi tierra conquistada,
saqueada por tu boca,
recodos y meandros
donde anclaste tus manos,
la cadencia de tu sexo como lluvia.

Voy a despertar buscándote en la luz,
aunque sólo permanezcas
en el aroma sembrado en mí por tu cuerpo.

CREPITA el fuego del amanecer.
Apenas un pájaro ha desembalado mi corazón
y anudado a mi espalda tu nombre.

Mientras, en la ventana,
la sombra de tu cuerpo desnuda las preguntas.
Yo escribo en mi piel todos tus verbos,
y ahondo una línea roja donde te respiro.

Aunque podría devorarte,
muero un poco cada día por ti
cuando estoy en tus brazos,
y a veces creces en viento
trayendo desde muy lejos
la tormenta en los labios,
el anhelo de un ángel en la boca,
un almizcle donde olvidarse de otros puertos.

HAS oído mi voz al aproximarte a mí.
En tus labios la humedad trenza una sombra de invierno:
Háblame despacio, necesito escucharte.
Te he hablado y, como si hoy esta voz mía
escondiera un recodo donde descansar,
te has desnudado y sin más te has acostado a mi lado.

Alójame entre tus brazos,
hurga en mi vientre hasta saciarlo.
Mostré ciertas verdades de hombre maduro
y destilé tu ansiedad
con la premura del mundo cuando despierta.

Sonaba tan cerca tu corazón del mío,
cuando ascendías y descendías por mi pecho,
que supe cómo, desde un diminuto escabel,
tus pasos tanteaban la escalera del infierno
para redimirnos de cada una de nuestras mentiras.
Así fue como entregada ávidamente a mi boca,
y tendida como un pájaro
me pediste dormir arropada por mis brazos
en el océano habitado de silencio.

Si he sido infiel
es porque pensé
que un amante
también tenía que mentir.
L. Cohen

AL amanecer regreso
al calor con que tu cuerpo entibia mi insomnio,
mientras un pájaro
emprende el vuelo desde tu sueño.

He arrebatado sus besos postreros
a una mujer ahora madura.
En la profundidad de su vientre
me he cobrado una vieja deuda de juego.
Mis labios arrastran restos salados de su sabor
y aún puedo recordarla si cierro los ojos,
pero afirmo, cruzando los dedos,
que ha sido la última vez que la amaré.

Clavados en mi espalda, como dagas,
siento tus pezones, firmes,
como el pulso de un asesino,
aunque no te temo:
no debe haber dolor cuando te miento.

Nunca la mentira tuvo
tantas ganas de reconocerse.

Ella dijo: «Haré un espacio entre mis piernas.
Te enseñaré la soledad».

L. Cohen

SENTÍ de nuevo la fragilidad del pájaro.
Atesoré todo su fervor
entre mi piel y mis dedos,
sabía del instante feroz de sus gemidos.
Pero, la soledad arrastraba
un pesado equipaje,
como el almizcle, en su boca,
mezclado con su saliva y la mía.

No había distancia
entre su deseo y mi ansia,
sin embargo,
la arena hundía sus huellas
entre los cuerpos
y esparcía gotas de sal
que lo inundaban todo,
flores enrojecidas
por la salvaje sublimación del gozo.

Era el momento del incendio
amanecido y entregado,
una victoria sin más sentido
que una resaca de sábanas y mantas
entre las piernas,
y este dolor sincero
que comparten
quienes siempre se despiden.

LA puerta entreabierta,
percibo todavía el esplendor de las últimas rosas,
el aroma fértil del jazmín, la hierbaluisa
y el recodo donde el amor de hombre deshace el sueño.

Hay noches en que los astros
son semillas que reverberan silenciosas,
exactas ante mis ojos en su deambular,
donde siempre han estado,
como las preguntas
que eternamente dejan de respondernos.

Cantan lejanos los grillos,
un olor a mar invade laborioso
el viejo sendero de la playa
y llega hasta mí, humilde como la brisa,
la neblina que trae desde la orilla
un antiguo saludo marino.

Algo así deberían invocar los viejos salmos,
cuando el tiempo se detiene en un instante mágico
y ya no me importa ni siquiera la vigilia del insomnio.

Desde tu belleza incliné la balanza.
Tu cuerpo se extendió bajo mi mano
y rebrotó tenso como una gacela sobre la sábana.
Tus dientes supieron esperar
hasta dejar sus huellas a tu paso.
Tus labios las sellaron como cera virgen.
Rebuscaste con tus manos en cada esquina del vértigo.

Cerní la noche a tus caderas,
tu vientre se erigió en la holgura,
en la hoz predecible de la tierra,
donde la claridad funda huidizos murmullos de agua.

Desnudo de armas,
mojado mi cuerpo por tu sed,
quise, casi desvanecido en ti,
brindar por los instantes nuestros con un *Moët Chandon,*
que nunca sabía para qué guardaba.

CIERTAMENTE, los años no perdonan
y es difícil olvidarte, aunque haya aprendido
a descifrar las viejas heridas y las enredaderas
que de tu casa trasplanté a mi jardín.

Ayer hubo luna llena y sonaban
las canciones que tú me enseñaste.
Recordaba con nitidez tu voz,
muy cerca de mi oído.
Volví a escucharlas, volví a tararearlas
y bebí y fumé demasiado.
La luna llena, recuerda, siempre me desarma,
y esta vez tú no estabas
para que el ritmo pausado de tu corazón
acunara mi cabeza entre tus pechos,
y en ti yo pudiera escaparme de ese insomnio
con el que la soledad me tortura.

APENAS despiertas, abres a la mañana esta habitación.

Aunque todavía conservamos un poco de calor del verano,
sé que es demasiado tarde para nosotros.
Después de todo lo vivido juntos,
ambos conocemos los resortes posibles del olvido.
No habrá más dolor que el roce del recuerdo,
pero eso es algo que ya sabemos reconocer a diario.

Te dejo varias cajetillas de tabaco,
dos botellas de ginebra y el frigorífico lleno de cerveza.
También tienes toda la semana de hotel pagada,
puedes quedarte sola o salir tranquilamente de caza.
Nadie dirá nada si traes con discreción
algún nuevo amante al amanecer,
saben ya mucho en este viejo motel junto al faro.

ABSORBO la emoción de sus labios
recorriéndome sin cesar
como si fueran la huella incandescente de la lluvia,
dagas y evanescencia que me despiertan
y me convierten en tierra abierta,
holgada, arada por sus dientes, por su boca,
rebrotada de amapolas y jazmines,
herida bajo el filo caliente de su lengua y la sal.

Entonces hierve el mundo en su silencio
y sigo siendo un cuerpo desnudo
abrochado a ella, asido por sus manos
templadas y pequeñas
a un universo de incertidumbres,
en el que un náufrago nace y se desangra
dentro de mí a cada golpe de mar
suyo contra mis caderas.

ESCUCHO en la penumbra emerger el rumor de las gaviotas
y al mirlo en el albor de la mañana.
Enciendo la luz y como un disparo emerge la soledad.

Fumo, sin pensar, de aquel tabaco holandés
que compré para ti. Vuelvo a recordar
el verano que fue de noches insaciables
y calles entre la sombra y el calor.

Voy a poner los viejos discos que olvidaste.
Pienso que podría escuchar
cada una de sus canciones,
mientras combato
la febril resolución de otro cuerpo junto al mío,
para ver si consigo borrarte de mis manos
cuando acarician a otras mujeres,
de la misma manera
que va alejándose la oscuridad
que la falta de sueño
todavía guarda para mí.

MIENTRAS dormías te he respirado dentro,
entre las sábanas,
donde tu cuerpo sosegado
sueña con el mar.

Daban las cuatro de la madrugada.
Hacía frío y yo susurraba
sobre irnos a vivir al desierto,
construir una casa para nosotros.
Entre los rizos rojos de tu pelo se alzaba
una estancia habitada de palabras:
mi boca nunca se cansa de tu cuello.

Respirar tu olor calmado,
cuando nada esperaba, fue,
sencillamente, conmovedor.

Duermo con la radio encendida si no estás.
Me despierto cuando calla alguna melodía
y escucho una voz que habla de ídolos y leyendas.
La cama es ancha como mi espera del amanecer.

En verano me muevo en todas las direcciones
buscando la fresca soledad entre las sábanas,
pero en invierno, echo de menos
la tibia calidez de tu piel.

Anhelo cuando vienes
y, con un mohín lleno de ternura
mientras te acercas a mi lado,
al besarme apagas la radio.

LAS cancelas dejan pasar la luz, el aire se espesa.
Volvemos a insistir en el uso indebido del otro,
y como palomas,
nuestras manos zurean el deseo.

La sombra sube perezosa camino de la atalaya,
resolverá en la noche la urgencia definida,
mientras la urdimbre del otoño se acerca deprisa
entre las nubes y se derrama sobre los cerros.

Tal vez no haya esperanza para nosotros,
quizás las luces que nos invocan
seguirán solo alumbrando a lo lejos.

Cada día se esfuerza el cuerpo en olvidar.

ARRANQUÉ el manzano,
aquel manzano de pequeñas flores rosadas
que esparcía ese dulce dolor de la primavera.

Tiemblo ante las rosas: murmuran versos.
Pronto se apagará su rojo
y noble destello entre la hiedra
y las escucharé caídas
sobre el suelo bajo el viento.

Volverán a arrimarme a la orilla oscura
donde siempre reconozco certera la tristeza.

Silencios

Porque todo
lo que un hombre quiere soñar cabe en el puño
cerrado del silencio.

Piedad Bonett

DESCUBRO la roja claridad de la mañana
bajo el quehacer de los pájaros en el aire.

Conservas el rumor de la fragilidad
que me recorre desde la infancia
con un dolor continuo y sordo.

El tiempo ha dejado en tu cuerpo la rotundidad
que alcanzan los álamos cuando llega la primavera.
Como el guardián de la noche,
traigo en mis manos el fanal
que te despierta al nuevo día.

Escucho, cuando me miras,
todos mis silencios
y un eco profundo de mis palabras
te envuelve como una llamada.

CASI todo tiene una distancia,
hasta dos labios besándose
esconden sin querer
el pensamiento de uno al otro,
un resguardarse espontáneo
en arrecifes contra la marea.

Un poema atesora la escasez de todo.
Perdura en la memoria, sin embargo:
o deja su poso
como un lunar interior en el corazón,
o se disuelve en la piel
bajo el ritmo acelerado de la vida.

No sé detener el curso de los días,
aunque habite un jardín con un estanque
donde los peces de colores,
que vienen a morder mis dedos,
piensan solo en agotar su hambre
y recuperar su memoria.

HEMOS viajado lejos
hasta el instante en el que cada uno
ha muerto en el otro.

Ahora hay espacio para las nubes
y las palomas del anochecer vuelan
buscando lo inabarcable.

No soy yo, soy solo una canción
que suena en tus oídos junto al viento.
De lejos llega una letanía de susurros
y aullidos de perros.
No llueve y, sin embargo,
siento la humedad en los huesos.

Mis labios cruzan el envés de tu piel,
bajo tu espalda, donde me guarezco
mientras intento dormir
acunado por tu respiración.

El silencio abarcará
con sus dedos de araña
el resto de la noche.

Atardecer y palabra son, en este mes de julio,
plenos y diáfanos como la luz
en un bosquecillo de sombras.

Entre los dos abrimos el surco
donde mieses amarillas se mecen sedientas.
Más allá, las rojas amapolas se dispersan
como un sangriento y simple comando
que eleva el valor de nuestro nuevo encuentro.

Casi no hablas. Juegas con el hielo
entre tus labios. Tras las gafas de sol te miro.
No intuyo tus ojos, solo el fuego en mi piel.
Es curiosa la memoria.
La última vez que te besé fue
en esta misma terraza,
cuando me dijiste
que debías irte un par de semanas.
Eso creo que fue algo así
como hace ocho meses y cuatro días.

No hay en este dolor ni pizca de angustia.

ABRO la ventana para ti,
para escuchar el alba entre tus brazos.
Quiero que oigas cada uno de los pájaros
que iluminan tu cuerpo con sus trinos.
Desnuda todavía bajo el embozo del sueño,
bebo el aroma penetrante de tus sombras,
quiero desembalarte y registrar
cada recodo de tu abandono.

El deseo es una fruta madura
que en tu piel ha dejado
signos inequívocos de su paso.
Yo traigo la lluvia, el viento,
la agónica sed de la soledad.

Arde el fuego en el amanecer.

CUANDO tú ya no me amabas
yo busqué lugares
donde depositar toda mi experiencia.
No anclé mi corazón al muelle de tu recuerdo,
siempre creí que era un esfuerzo inútil
el de mis manos en cada caricia
o golpe de timón con que navegué tu cuerpo.

Eras la distancia, yo el péndulo.
Asido al vendaval ebrio y febril de aquellos días,
conseguí reunir un puñado de páginas
sobre la verdadera naturaleza de mi sentimiento,
para que tú, tiempo después, las leyeras,
y al volver a vernos, curiosa y expectante
de respuestas ante cada uno de mis silencios,
-una laboriosa obra de arte-,
nunca supieras discernir
cuanto tiempo dejé de existir sin tu presencia.

Encontré en ti algo que alabar
y sobre esa piedrecilla construí mi fortaleza de amor.
L.Cohen

No será el ocaso el que me arrebate tu boca,
como tampoco tuve ninguna duda de ti
cuando tu cuerpo, erizado sobre el mío,
me convocó a algo más que al simple placer de un coito
en la anchura de nuestros primeros encuentros.

Sin saberlo, he edificado
una a una las razones de tu fantasía.
Transpiras mi nombre
y te deleitas con soberbia
en recorrerme con tus dedos y tu lengua:
tomas posesión de cada rincón de mí.

Sé que no tengo ninguna de las cualidades
que siempre has buscado en un amante,
tal vez has rebajado demasiado tus exigencias básicas,
o simplemente he sabido tender ante tus ojos
un enramado jeroglífico
que todavía no has logrado resolver.

Reúno el valor de las viejas despedidas,
con ellas vuelve a mí la fragancia de tu cuerpo,
similar a la lavanda en el campo,
mezclada, como pinceladas impresionistas,
con las diminutas flores azules del lino.

Junto al mar, te balanceas sobre esa ola de viento.
Así vuelvo a nombrarte
y veo tu pelo sobre la cara,
mientras vuelvo a escucharte tararear
aquella canción de Janis Joplin.

No sé cuándo han crecido estas flores
en mis pensamientos. No sé si existió
siquiera aquel instante, si lo imagino
destilado desde tantos recuerdos y viajes juntos,
pero sé que todas las mujeres que he amado
tienen hoy tu cuerpo, sus labios saben a los tuyos,
y con tu voz me dejan sus mensajes en el teléfono,
junto al dolor de la ausencia y algo de eternidad.

Los dos sabemos
cómo se remueve la sangre entre nosotros.
La estancia oscurecida del propio atardecer
y un hilo rojo desnudo en la pared,
difuminándose veloz por alcanzar el techo,
parecen que nos deshace y nos consume.

Hoy no me abrigan tus labios de este silencio
que cubre el viento con sus sonidos
silbando en el tendido eléctrico,
o con su golpeo iracundo que, a ráfagas,
hace temblar los cristales.

Solo tus manos sostienen el fulgor de lo nuestro,
tus pequeñas manos, frías casi siempre,
son las que saben arrancar
todos los matices a mis gemidos.

¿Acaso has dejado de desear anclarte a mi cuerpo
en estas tardes tristes perdidas del verano?
Nada nos debemos y, sin embargo,
tienes todas mis cuentas a tu favor.

Gramo a gramo quiero devolverte la ternura
que a lo largo del tiempo me has ido dando.

Abro despacio la audacia de mi sinceridad,
ante ti apenas aparenta un poco de brisa,
un sorbo de láudano para este instante dichoso.
Ahora no espero
más allá de una noche contigo.
Ni siquiera voy a quedarme
a probar otro de tus desayunos,
los silencios al alba
me han envuelto durante demasiado tiempo.
Prefiero irme cuando todavía tu mirada guarda
restos del incendio que te empuja hasta mis brazos
y deja tu piel estremecida con un último aliento.

EN las horas taciturnas de aquel invierno
no se fueron los pájaros.
Sembrando azules, los copos de nieve
semejaban miradas de ángeles
olvidadas en la tierra,
nubes derramadas,
lágrimas de lumbre en el amanecer.
Todo su silencio abrigaba un unicornio.
Los mirlos que abandonaron el bosque
dejaron las pequeñas respuestas
que ella siempre había buscado.

TAL vez la noche dure para siempre
aunque detrás de la puerta,
pacientes, nos siguen esperando
todas las preguntas
que abandonamos ayer.

No urge despertar, hoy es domingo,
suenan lejanas las campanas y siento el frío,
porque siempre hace frío
fuera de la cama sin tus brazos.

Subía la escalera y solo me esperaban las nubes y el cielo.
La tarde enredada entre luces y sombras
iba cayendo sobre mí como una borrachera,
y el olor de las rosas, suave y perenne,
trenzaba un halo único de complicidad.

Llevaba un libro, música y la alegría de esperarla,
mientras la soledad se recomponía
con el vuelo de los pájaros
y abajo, en la calle,
la gente iba y venía con su prisa de siempre.

Pero qué remoto se vuelve el tiempo,
cómo escancia sobre nosotros
su burbujeo incesante bajo el que nos perdemos.

Seguro que en las sombras de aquella atalaya
todavía quedan algunas miradas,
cierta espera,
que escriben sin saberlo
sílabas con su nombre y el mío.

No surge el dolor como una fuente
en la que fluye la sangre,
–entre cuatro y seis litros–,
que recorre un río oscuro y denso.

Mejor abandonarse,
despacio, lentamente,
como las nubes
del invierno se deshacen,
y hacer de ti una metáfora en medio
de tu ausencia: la única verdad
que me dejó aquel año bisiesto.

ERES de arena, y por eso
desgranas el tiempo entre tus manos,
como un reloj en las horas nocturnas.

Me habré ido temprano,
cuando nadie aún se fija en las sombras
ni escucha los ecos de pasos en la oscuridad.
Tal vez solo quería oír de nuevo tu corazón,
una isla donde apenas se me recuerda,
y ahora puedo decirte que,
aunque nunca quise olvidarte,
día a día has formado parte de mi olvido.

Tras los bárbaros no hubo renacer.
Ni un solo ángel vino
a rescatarnos en el último instante.
Recuerdo el andén solitario,
nuestras maletas ni siquiera portaban
la tristeza del relámpago.
Detrás de las dunas junto al mar,
paralelo a la orilla,
un tren vacío llegaba
a pasarnos cuentas por tanta soledad.

Del mar

Dicen la mar es triste. ¡Qué señal
hace cada ola cuando quiebra!
Y veo una mar triste,
pero en medio tú
como una perla.

Marià Manent

Bajaba el aire
hasta los límites perfectos de tu piel.

J. Á. Valente

SENTÍA tu agitación
bajo el aliento de mi boca.
Respiraba por ti
a leves milímetros de tus hombros.
Imán inevitable, tu belleza perenne
me arrastraba más allá del acantilado,
hasta el fondo de tu cuerpo,
océano profundo del que jamás quise salvarme.

Y la última vez que la vi a ella
estaba viviendo con un chico
que le da a su alma una habitación vacía
y a su cuerpo alegría.
L.Cohen

He escrito la letra de un réquiem
sin nombrar a dios ni a ciertas plañideras.
Asumo que mi vida es un error.
La tuya tiene los mismos signos de decadencia
y, sin embargo, sabes bien que vale la pena
seguir prendidos a ella, gozarla al máximo,
emplearse como peón de todos sus instantes.

Repaso los recortes del periódico
de cuando yo era alguien importante,
¿sabes?, amarillean ya las fotografías
y en ellas, me parece raro,
pero escasea tu imagen.
Te veo confiada, aunque,
al mismo tiempo, muy lejos de mí.
Te escapas de mis manos
ante una mirada inquisitiva
y evitas que siquiera rocen mis labios tu piel.

Es cierto, la cama es demasiado pequeña,
la habitación no es la suite que esperabas,
aunque tenga vistas al mar, como te gusta,
y se escuchen las olas en la oscuridad.
Es verdad, el hotel ha perdido
alguna estrella con el tiempo,
pero es el mismo que siempre nombras.

Tal vez, ni tú ni yo sepamos bien quiénes somos ahora.

Si es necesario desharé la maleta,
antes de irme puedo volver
a templar esta habitación
y entregarme de nuevo a ti,
como siempre lo hice
cuando valorabas más
mi lealtad que la fidelidad.

He abierto la ventana
y el frío no es tan húmedo
como la sensación
de ver el mar rodeado de nubes.
El viento arrastra
esa mezcla imprecisa de aromas
que ha dejado la tormenta
sobre la arena de la playa
y el fuerte olor almizclado del puerto.

Puedo precisar en tu cuerpo
las líneas concretas de mi adoración.

No exijo nada, nunca lo hice,
solo te pido un poco de tiempo
para que mis labios desvanezcan
esa letanía de reproches.

Te ríes y mueves los brazos
con un aleteo nervioso que recuerda
al abordaje de gaviotas
que escolta los barcos de pesca.
Pero no, no te equivoques,
no se trata de arrodillarme ante tu cuerpo,
tan solo quiero echar por tierra,
de una vez por todas,
tu infalible teoría sobre el olvido.

No se trataba solo de una canción,
cuando las horas se iban diluyendo en la sombra
y Ben Webster convertía el saxofón
en la voz de un ángel
adentrándose en las olas y la reciente noche.
Crecía el frío o quizás era la labor de la oscuridad
entre la lumbre del faro y los barcos que navegan
sobre el horizonte, otra orilla de signos y estrofas
que desconocíamos, aunque tuviéramos destino en ella.

Te retrasabas y luego te ibas enramando en mi cuerpo,
mientras preparabas sándwiches de jamón y queso
y apurabas el vino de reserva que guardaba en la bodega.

Tú eras de fuego y arena.
Te iluminabas como una tea
tras el juego de buscarnos entre los cojines.
Me quemabas
y entrabas en mi piel como una herida,
encendiendo de preguntas el malecón
o acallando los últimos pájaros llegados del bosque,
mientras dirimías con tus labios una batalla en mi pecho.
Escuchabas mi corazón
y sentías cómo aspiraba tu olor,
cerrando los ojos y sonriéndome.

Lo que otros supieran de nosotros nos daba igual.

Se iba el día, e irremediablemente sustituías
a Ben por Miles Davis,
para que tu cuerpo se moviera
al ritmo impenitente de su trompeta.
Morir hubiera podido ser un viaje largo,
una distancia entre los dos,
pero aquellos instantes no tenían
más afán que la sangre
y la concupiscencia de dos cuerpos
que se reconocían a ciegas en la oscuridad.

No consigo saber quién eres,
qué sombra se aferra a mí
tras una puerta entornada al final del día.
Los hoteles están cerrados,
es invierno en la costa
y llueve ante mis ojos
exigiendo su tributo de evanescencia y silencio,
entre el sonido del limpiaparabrisas del coche
y la voz de Lou Reed: *un día perfecto…*
cosecharás lo que has sembrado…

Debería renunciar al fin de semana,
volver a casa, escribir sobre ti:
siempre se está a tiempo para olvidar.

…y todo era buscar en las palabras
señales de tu nombre.

Adolfo Burriel

DEVUELVE el mar
ciertos signos que me inundan de ti.
Sigo en la arena húmeda tus pasos,
que parecen pequeñas huellas de pájaro,
ángeles de lumbre en la oscuridad.

Recojo sílabas junto a los farallones
que caen sobre el mar,
allí te deletreo
como si todavía respondieras,
sombra y mirada marina en el atardecer,
siempre cambiante entre las nubes.

Y tu voz. Tu voz,
brújula en la oscuridad
y en las mareas,
habitándome como si yo fuera de ti
una caracola abandonada
donde se escucha
el eco de tu nombre.

SI todo fuera cierto, en el muelle
donde anclamos la esperanza
seguirían dos sombras
sentadas en su orilla.
Los remolcadores,
quietos como esfinges,
guardarían aquellas palabras
que nunca dijimos
y el invierno sería azul,
como lo eran tus ojos
cuando se sembraban de nubes
y no de ese verde oscuro
que tiembla bajo la brisa.

No dormíamos.
Recorríamos las veredas del mar,
donde el océano labra largamente sus promesas,
viejas carreteras
llenas de arena donde desembarcar,
árboles de sombra
que en la noche riñen con la luna.

¡Qué gigantes eran las palabras
que llenaban su pecho!
El aguacero de la madrugada
prendía lámparas amarillas
y escarcha en los labios.

Sonaba la sirena en los muelles desnudos
sometidos al mínimo vaivén del agua.
Echaba de menos un poco más de claridad,
pero sembraba de flores
el lecho de la playa donde tiritábamos,
húmedos y solitarios,
con la esperanza puesta únicamente en el otro.

SE nos iban despacio las tardes del verano.
Sentados en los veladores bajo los parasoles,
mirábamos partir los barcos pesqueros.
Abandonaban lentamente el puerto
dejando atrás una triste sensación de desamparo.
A orillas del mar lo azul es lo preciso
e impregna los cuerpos como un aceite invisible.
Hablábamos de cosas intranscendentes,
pero nuestras. Cómplices en caricias
y juegos de manos, la brisa erizaba
cada mínimo gesto de cariño
y cada pregunta silenciada.
Entonces, subía la marea y las olas
trepaban con fuerza
contra las rocas del malecón.

Se abrió el caudal escarlata del anochecer.
Qué larga era la tarde
cuando se asomaba apenas al verano.
Traía esa harina oscura
que enmarca el asombro,
un bullir de peces
en la caliente orilla de una playa celeste.

Nuestros cuerpos cruzaban certeras caricias
que enarbolaban banderas de entrega.
Suave condena la de amarnos
cuando nadie nos esperaba.
Aquella lluvia de astros,
el reflejo marino del universo,
el abismo roto por la luna nueva,
tú y yo solos, sin palabras,
cuando el tiempo
buscaba el curso del agua y de la arena.

No tengo miedo, tan solo soy parte de la herida.
Llegan los automóviles cargados de lluvia,
son barcos sin recuerdos que vienen del mar,
sombras azules que giran y giran
detrás de cada sombra tuya.
Este invierno no he podido
conservar el agua del océano,
que remueve astros entre mis manos
cuando empuño el valor de los desiertos.

Sin embargo, llueve,
un diluvio universal sobre la playa,
como si toda mi condena fuera lluvia,
y el gato todavía ronronease en mi regazo.

Bajo el ocaso el mar se amansa
y tú recorres la distancia con tus pies descalzos.

Mantengo la mirada en la línea que abarco,
sé que siempre debo tender puentes a tu cuerpo
y alcanzarte como solo se puede hacer en la noche.

Cantas y yo escucho latir tu corazón,
mientras subes lentamente tu falda
para enseñarme el principio del mundo.

De pronto el mar de ayer no es hoy el mismo,
aunque en tu interior de caracola
susurre igual que en el verano.
Tampoco las dunas salvaron los refugios
donde pasábamos las horas.

No somos los mismos,
aunque el horizonte escriba,
como de costumbre,
su línea ante tus ojos.

El tiempo tiene su valor:
una estancia de vacíos continuos,
en la que tú y yo somos
a veces un par de sonámbulos
que se buscan a ciegas en otros.

Azul

Y entre tantos azules celestes, sumergidos,
se pierden nuestros ojos adivinando apenas
los poderes del aire, las llaves submarinas.

P. Neruda

Cuando llegó a casa ella prendió una cinta azul
al interior de mi chubasquero,
cerca de donde estaría el corazón.
L. Cohen

No encontraba en sus manos valor,
siempre podía sentir
el pálpito estremecido de un pájaro al acogerla,
para secar su cuerpo
con las mías tras la tormenta.

Pero, después de amarla,
desnuda aún entre las sábanas
y nuestro olor,
siempre me inquietaba
el resplandor de su belleza,
que destruía todas las defensas de mi sarcasmo.

Ella tendía cintas azules sobre mi corazón
y cada sílaba de mi nombre en su boca
era una nueva cadena
hilvanando mi incertidumbre a su cintura.

Quiébrame
entre tus dedos fríos,
pétalos tendidos en la holgada tierra,
horas azules que se desprenden de los árboles.

Tenme como un nombre prohibido entre los labios,
sílabas mías del acanto
en el templo junto a la Fortuna.

Sáciame en la Arcadia,
en el largo trecho de tus muslos,
donde la somnolencia de la sombra pierde el pulso,
donde la humedad del muro se despliega en las rosas.

Algún testigo te ama
mientras atraviesas torpemente
las telarañas de mi durmiente espíritu.
L. Cohen

Me descubro en todas las miradas sobre tu falda,
ese rastro reconocible
entre escarcha y caliente lascivia,
cuando te pienso en las calles de mi soledad.

Me encadeno a tus pechos,
apenas dos palomas que palpitan
a punto de volar hacia el amanecer,
y lamo en cada detalle de tus pezones
la umbría y la oscuridad.

Me hundo entre tus caderas.
Reconozco lentamente tu voz
en lo lejano, desde ese mundo habitado
por un pueblo de hombres solitarios.
Al fin puedo dormir,
dejo mi cabeza sobre tu vientre,
mientras navego a la luz de las viejas bujías
que siempre me llevan
hasta el muelle donde descansa tu silencio.

DESNUDA, velada tras la humedad
y la sombra de una toalla,
albergas un murmullo de deseo.

La tarde recorre el jardín bajo el sol.
En la penumbra de la habitación suena
discreto el piano inconfundible de Oscar Peterson,
you lock good to me… Siento sus notas mágicas
como hojas caídas de un álamo sobre mí.

No hay hielo; solo un calor abrumador
tras las cortinas y unos cuantos limones
que mezclo con la bebida de esta botella azul.

No me deberías haber besado.
Sabes bien que cuanto puedo darte ahora,
quizás esta noche,
son unos gramos de dicha,
antes de que ascienda
el nivel de alcohol en mi sangre
y no sea ni capaz de alcanzar el infierno
en el que me deseas.

HA trazado mi mano un camino de agua.
Detrás de la lluvia
llegan viejos trenes desde el Este,
ríos vertebrando tu espalda
como un atlas donde Europa
va surgiendo ante mis dedos
ciegos bajo la oscuridad de tu cuarto,
en cada punto donde me detengo a respirarte
y a besar tu columna vertebral.

Suena diáfana y mortal una tuba en el cielo,
y se desprenden lejanos astros
que van dejando más triste el universo.

Cubiertos apenas por un ovillo de sábanas,
una calma cálida invade tu cama,
una brisa que huele a tierra húmeda.
Desde tu habitación, en lo más alto,
esta ciudad, encendida en el crepúsculo,
me hace palidecer con sus melodías
y el valor inconfundible de lo inolvidable.

ESCUCHO el piano y tu voz azulada
me traspasa como un escalofrío.
No sé cómo desarmarte
sobre la altura de tus tacones de aguja,
ni sé dónde acaba tu espalda,
aunque cuente todas tus vértebras
con las yemas ardientes de mis dedos,
cuando dejas caer tu vestido al suelo,
y te creo tallada como una estatua en mármol.

Ven a ser la voz y la llama,
acerca tu cuerpo hasta mis labios,
rehaz este blues en que acaba tu larga melena,
y entre las sábanas,
cuando ya no eres la cantante de jazz,
altérame el pulso hasta donde sabe
la mujer que me desea.

Reconocía cada una de tus vértebras,
el punto y aparte de mis dedos
cabalgaba muy despacio por tu espalda.
Tu piel se erizaba al paso de mis labios.
No había preguntas, solo un hilo de luz
abriendo el abanico del deseo en nuestros cuerpos.

Nuestra respiración era cálida, temerosa
bajo un sinfín de imprecisas emociones
que construían un mundo aparte
en aquella pequeña habitación.

En la calle el aire se iba haciendo líquido,
una labor de oscura niebla
en la que apenas cuajaba
otro sonido que la tormenta
y el lejano lamento de una sirena.

...siempre que sales de la habitación
un pájaro naranja viene a la ventana.
L. Cohen

ENCIERRO el mar cuando te alejas
entre las cuatro paredes del cuarto.
Un océano quebrado,
dormido, habitado de ti.

La noche tuvo ese momento
en que tu cuerpo se deshizo
en gramos de ternura entre mis labios,
y temblando en mis dedos
quedó la humedad iluminada
con el precioso aroma de tu sexo.

Abro la ventana y un pájaro naranja
pasea su canto por mi corazón.
Llega una brisa
entre olores de tierra mojada
y del jazmín que trepa por el muro.
Tú has escrito en rosa carmín sobre el espejo
«*no me olvides*», y yo siento con claridad
cuánto de mí se ha ido ciego
tras el borde en olas de tu falda.

Como gotas de leche
quedaron algunos copos de nieve sobre tu cuerpo.
Reías, cuando se fueron volviendo agua
y te humedecieron, erizando tu piel morena,
mientras bebías, de una manera teatral y sofisticada,
G'Vine en una copa con hielo picado.

Apenas hablamos,
me buscabas con los ojos,
mordisqueándote los labios
después de cada sorbo,
mojada y ebria, casi desnuda,
con solo tus pequeñas bragas,
recuerdo, de color morado,
y tus pechos, con sus pezones
sonrosados y desafiantes,
y aunque no tuviera puesta
mi mirada en tu cuerpo,
sin saber cómo
habías abierto una honda herida
entre mi convicción y mis ganas de ti.

GIRABA el sonido húmedo de los astros en el cielo.
Un milagro silencioso esparcía una senda de dicha,
la luz del universo, tan serena y fría,
se erguía espectadora desde su altar de luna nueva.

Me sentí absuelto de la larga penuria del verano.
El calor, los senderos del fuego,
la lengua que tañe con la boca
su afán de hierba recién mojada.

Asida a mi cintura, recorrimos las piedras de Roma.
No hay olvido en la fragancia de aquellos días,
las rosas fueron cortadas bajo la calidez de tu risa.

Hambrientas suenan nuestras huellas,
buscan cobijo en el brumoso amanecer de una tormenta.
¿Sabes?, no sospecho de la vida, me inundo de ella,
y tengo hilvanado a mi corazón
los últimos pasos que dimos juntos
en mitad de este amado rincón del mundo.

LAS luces en la noche arden alrededor.
La lluvia de septiembre
se ha dejado media vida entre mis manos.
Todo parece azul en las palabras
cuando me hablas. Se agrieta el tiempo
y diría que escondes en la oscuridad de la carretera,
hacia donde miras sin pestañear,
un extraño y anónimo confidente.
El mar golpea las rocas,
enumerando su catálogo de literarias obviedades.
Las sombras de los pinos apenas
dejan ver a lo lejos los barcos
que, tiritando en la penumbra, semejan,
como nosotros, pequeños mundos
navegando en soledad.

MIRABA la avenida, la ciudad,
el horizonte rojo desde mi ventana.
Yo te miraba a cada instante,
cuando no estabas.

Eras una mujer construida en soledad,
amparada en andamios
que deshacía la nieve y el invierno,
creciendo ante mis ojos
cuando todo era silencio.

Yo miraba el horizonte,
mientras tú cantabas cerca de mi oído
y la luna era el ojo de un ladrón
que me hurtaba tu cuerpo.

Eras del verano, que desmigajado
por tus dedos se convertía en agua,
mientras yo moría bajo la ansiedad
y buscaba reconocerme ante ti
en cada verso escrito.

Yo miraba la avenida,
mientras tú
eras el tiempo y la distancia.

No la escucho cantar,
aunque recuerdo su voz azul en medio de la tarde.

Al fondo la tormenta avisa de que el mundo se ha dormido,
ensimismado bajo el calor pesaroso de un día de agosto.

Todo lo que poseo son mis manos sujetando el viento,
que mueve la fronda de los árboles.
No le exijo demasiado a la vida.
He llegado hasta aquí, tengo la vista cansada,
pero puedo todavía contemplar lo diminuto,
todo lo que gira alrededor de cada uno de mis pasos.

A veces, el silencio me habla desde adentro,
apremiándome a escribir nuevamente
con letras gruesas sobre los muros de la ciudad.
Pero ahora lo que ocurre
es que no la escucho cantar,
no escucho su voz casi azul en mitad de la tarde.

…y es que a pesar del amor de los brazos
y de las piernas abiertas la soledad regresa
con sus dudas.
Pablo García Casado

El humo azulaba lento al morir bajo el techo.
Te oía respirar despacio a unos metros de mí.
Mirabas a través de la ventana,
desnuda, el olor del deseo hurgado
aún entre tus piernas,
tu espalda nacarada de sudor,
las huellas de mi boca
como certificado del placer.

Espesos y un poco borrachos,
nos miramos adentro, olfateando esa postrera
llamada que trae el amanecer antes del diluvio.
Trago a trago, desanudamos los últimos
besos con la pulcritud del cirujano,
y en medio de aquel océano
sajamos las sombras,
nuestra última victoria,
como un homenaje.

CASI todo el vacío llenó mis manos
y te lo mostré despacio, aunque intensamente,
como brasa en mitad de lo oscuro.
Luego volvieron las tormentas,
que nunca se apiadaron de nosotros.
Pero a esta roca en mitad del océano
en la que habita mi corazón
ciñó tu boca el calor de sus labios,
y brotó un árbol, algunas flores
silvestres, un puñado de pájaros.

URDEN los dedos del viento
un ulular de viejas trompetas
a través del cielo raso,
los astros le hablan al agua y encienden
la mirada oculta de los peces.

Yo he velado
lo que la lumbre nocturna hace en ti
y ahora sé de la selva
escondida en la que habitas,
de ese río quebrado y rojo
sobre el que siempre,
rodeado de oscuridad,
retumba tu corazón.

Llovía con la densa sabiduría de la eternidad.
Tú indagabas el invierno a través de la ventana,
las gotas diminutas creciendo en ríos insalvables.

Yo frecuentaba la luz de la lámpara y leía sobre viajes.
Nunca fue suficiente para desarmarnos
saber que el tiempo perseveraba
en difuminarnos con su tenue color gris,
los días como ciudades solitarias y silenciosas.

LUEGO fue verano durante mucho tiempo.
Amanecía muy temprano
y duraban las horas largas de la tarde.

Huíamos del mundo, lejos y distantes,
entregados a hablarnos muy cerca el uno del otro,
con un racimo de cosas que aguardaban pacientes
a que primero nuestros labios se reconciliaran.

Nunca el silencio se desgajaba de nosotros
tomándonos distancia, más bien era un cómplice,
una lluvia azul que lo empapaba todo.

COMO golpes de mar en mitad de la tarde,
sobre el bullicio de las abejas,
he escuchado esas canciones varias veces.

La brisa azulada me entorna los ojos.
La vieja tapia amarillea bajo el sol
y la hiedra tapiza anárquicamente la sombra.
Pesa la humedad pegajosa e irritante,
aunque cerca de mis pies gatean las flores.

Ella vendrá luego.
Despacio subirá la escalera tras su mirada,
un ábaco que cuenta todas las posibilidades
que le restan al día. Las horas infinitas
de cada atardecer de julio,
cuando, aún ahogada por el calor,
se siente feliz.

El ritmo de los cuerpos cavaba
un espacio de luz adentro de la luz.
A. Pizarnik

SIN saberlo, simplemente al rozarla
con la punta de los dedos, noté desde la primera vez
la tibieza de su piel, quizás expectante y temerosa,
como si el deseo se anduviera de noche
y yo fuera un eslabón desconocido.

Tal vez no fuimos nunca
leales el uno con el otro.
En su silencio amainaba el fuego
y en su cuerpo mi boca
desvelaba lunas, azules sendas.

Cada amanecer desplegaba interrogantes
sin respuesta sobre una cama
revuelta con la complicidad del beso último,
y la conjura para una cita más,
flores rojas dando luz a la esperanza.

ESTE tiempo de los dos construye sus orillas:
esa nube anclada en tu mirada,
el paseo de los castaños,
la línea roja del horizonte
como una flecha
o una puerta abrigando la ausencia.

Te has reconstruido en medio de la soledad,
ya eres parte invertebrada de mi corazón.

Tanta sangre tuya hay en mi cuerpo,
que mueves los hilos que me acallan.

Sin ti la ciudad solo es cualquier nombre.

No hay lunas que te llamen,
aunque en la oscuridad nocturna
todos los nombres
muestren vestigios de sombra.
Los bosques se arman de luces antiguas
y cantan mirlos que nunca se ven.

Amanecerás sin mí,
y serás azul junto a otros cuerpos,
tus ojos tan luminosos
como mudos tus labios.
Amanecerá, pero no sabré encontrar
dónde dejaste la noche.

PIDO silencio. Recorro el azul.
Una niebla tenue se confunde con la piedra,
una humedad sin nombre que duele.
Tras el atardecer,
las nubes se tiñen del color de la sangre.
Hay leones fuera que buscan mi cuerpo.
Solo escucho el canto de un pájaro.
Tengo dos dedos
en mitad de la boca: pido silencio.

NOTA BIOBIBLIOGRÁFICA

Fernando Sarría Abadía (Ejea de los Caballeros, Zaragoza). Ha dedicado varios años a la investigación en Historia del Arte, en concreto a la escultura del siglo XVI aragonés. En esta materia ha participado en más de veinte trabajos en distintas publicaciones y revistas especializadas, incluyendo el ensayo monográfico El retablo aragonés del siglo XVI.

Ha publicado los libros de poemas:

El error de las hormigas (Eclipsados, 2008), *El Alhaquín* –primer accésit en el Premio de Poesía Delegación del Gobierno 2008– (Aqua), *Todas las mentiras que te debo* (Eclipsados, 2010), *Babel en las manos* (Olifante, 2011), *Las Horas* (Quadrivium, 2012), *Calafell* (Sabara, 2012), *Bares* (Cuatro de agosto, 2012), *El buril y la piedra* (La fragua del trovador, 2013), *Silencio (por favor)* (Lastura, 2013), *Poemas de la incertidumbre* (La isla de Siltolá, 2013), *La armonía en el vuelo de los pájaros* (La Fragua del Trovador, 2014), *Albada* (Lastura, 2014), *La caja de música* (Herradura Oxidada, 2015 – plaquette), *A plena luz* (Lastura, 2016 – antología), *Los días contados* (El Sastre de Apollinaire, 2017), *69 poemas junto a otros dos autores* (Quadrivium, 2017), *Caídas* (Lastura, 2019), *Calafell* (Lastura, 2020, reedición), *Pavana del silencio* (El Sastre de Apollinaire, 2021), *Paisaje* (Akén La luz de lo invisible 2021), *La Fórcola* (Lastura), *La longitud mínima* (Herradura oxidada, 2022 – plaquette) y *Desembarcos* (BGR, 2022 – libro virtual).

ÍNDICE

En esta edición se empleó papel registro ahuesado en tamaño 65 × 90 de 112 g m^2 y cartulina Freelife Merida de 280 g m^2. Se utilizó el tipo Bodoni en los cuerpos 7, 8, 9, 10, 11, 12, 13, 18 y 24. Color Pantone 300 U.

La lluvia azul
Fernando Sarría
Olifante. Ediciones de Poesía

Este volumen se imprimió
en los Talleres Editoriales Cometa de Zaragoza,
cuidando del proceso técnico Albertina Lisbona,
y fue encuadernado por Encuadernaciones Raga, S.A.
El libro quedó terminado el 1 de febrero de 2024.

LIBROS PUBLICADOS EN ESTA COLECCIÓN

LUIS CERNUDA, *Cartas a Eugénio de Andrade*
JORGE MANRIQUE, *Coplas de amor y de muerte*
LUIS ANTONIO DE VILLENA, *Un paganismo nuevo*
ÁNGEL CRESPO, *El aire es de los dioses*
ROSENDO TELLO AÍNA, *Meditaciones de medianoche*
FRANCIS VIELÉ-GRIFFIN, *La partenza*
ÁNGEL GUINDA, *Vida Ávida*
DINO CAMPANA, *Cantos órficos*
ÁNGEL PETISME, *Cosmética y terror*
POESÍA ITALIANA DE HOY (1974-1984), *La narración del desengaño*
JACOBO FIJMAN, *Poemas*
ANTÓNIO OSÓRIO, *Antología poética*
CARLOS VITALE, *Noción de realidad*
JOVEN POESÍA ARAGONESA (1987), *Los placeres permitidos*
POESÍA MOZAMBICANA DEL SIGLO XX, *Poesía en acción*
LEOPOLDO ALAS, *Los palcos*
PIETRO CIVITAREALE, *Alegorías de la memoria*
MARINA PINO, *Dejemos que Venecia se hunda*
JORGE DE SENA, *Sobre esta playa*
JULIO ANTONIO GÓMEZ, *El corazón desbordado (Epistolario)*
MIGUEL ANXO FERNÁN-VELLO, *La raíz poseída*
LÊDO IVO, *La moneda perdida*
MANUEL VILAS, *El rumor de las llamas*
CECCO ANGIOLIERI, *Cancionero*
W.B. YEATS, *La torre y el unicornio*
ÁNGEL GUINDA, *Claustro*
RAFAEL INGLADA, *Vidas ajenas*
JEAN-PIERRE COLOMBI, *Lecciones y alegorías*
JOSÉ VIALE MOUTINHO, *Un caballo en la niebla*
CHARLES CROS, *40 poemas*
JUAN ABELEIRA, *Umbral del centinela* y *La piel iluminada*
LUIS FERNÁNDEZ ORDÓÑEZ, *Pájaros de invierno*
VERGÍLIO ALBERTO VIEIRA, *Piedra de trance*
MAGDALENA LASALA, *Seré leve y parecerá que no te amo*
JOSÉ LUIS RODRÍGUEZ GARCÍA, *En la noche más transparente*
CLARA JANÉS, *Ver el fuego*
MIGUEL LABORDETA, *Abisal cáncer*
GABRIEL SOPEÑA, *La Noche del Becerro*
ÁNGEL GUINDA, *Conocimiento del medio*
MANUEL ESTEVAN, *El que cuenta las sílabas*

ÁNGEL ESCOBAR, *Cuando salí de La Habana*
NANCY MOREJÓN, *Botella al mar*
XULIO LÓPEZ VALCÁRCEL, *El volumen de la ausencia*
FERNANDO SANMARTÍN, *Los ojos del domador*
ROBERT BURNS, *Caledonia y otros poemas*
OSÍAS STUTMAN, *Los fragmentos personales*
SERGIO ALGORA, *Paulus e Irene*
TERESA AGUSTÍN, *La tela que tiembla*
MARIANO ESQUILLOR, *Arco lírico*
ILDEFONSO-MANUEL GIL, *Por no decir adiós*
JOSÉ MANUEL GUTIÉRREZ, *El color del aire*
JOAQUÍN SÁNCHEZ VALLÉS, *Preludio y fado*
JESÚS JIMÉNEZ DOMÍNGUEZ, *Diario de la anemia – Fermentaciones*
ÍÑIGO GARCÍA URETA, *Dirección de la derrota*
TEIXEIRA DE PASCOAES, *Señora de la noche*
ANDRÉ PIEYRE DE MANDIARGUES, *Gris perla*
JOSÉ AGOSTINHO BAPTISTA, *Ahora y en la hora de nuestra muerte*
ANDRÉS UNGER, *Visiones*
DAVID ROXÁ, *Como quien pide permiso para la soberbia*
ÀLEX SUSANNA, *Inútil Poesía*
ÁNGEL GUINDA, *Toda la luz del mundo*
FLORBELA ESPANCA, *Las espinas de la rosa*
ANTÓNIO RAMOS ROSA, *Acordes*
ALFREDO SALDAÑA, *Palabras que hablan de la muerte del pensamiento*
JOSÉ MANUEL CAPÊLO, *¿Y si no existieses?*
XOSÉ MARÍA ÁLVAREZ CÁCCAMO, *Habitación del mar*
PABLO NERUDA, *Canto corporal*
ÁNGEL GUINDA, *Toda la luz del mundo (Edición plurilingüe)*
CERVANTES, *Poesía*
MANU CÁNCER, *Poesía completa*
ELENA PALLARÉS, *Ella guarda secretos*
ANTÓNIO OSÓRIO, *El lugar del amor*
ANA CRISTINA CESAR, *Forma sin norma*
BELÉN REYES, *Atrévete a olvidarme*
MANUEL VILAS, *Los chicos están bien. Poesía última*
JOSÉ LUIS ALEGRE CUDÓS, *Poemas*
ENRIQUE VILLAGRASA, *Línea de luz*
RICARDO DÍEZ PELLEJERO, *El cielo del sol mecido*
ÁNGEL GUINDA, *Claro interior*
VV.AA., *20 Poetas Aragoneses Expuestos*
BEGOÑA ABAD, *La medida de mi madre*
MANUEL M. FOREGA, *Ademenos*
ÁNGEL SOBREVIELA, *Roma*

ÁNGEL GUINDA, *Toda la luz del mundo (Edición europea)*
OCTAVIO GÓMEZ MILIÁN, *Nada mejor para esta noche*
BEATRIZ GIMENO, *La luz que más me llama*
MARGA CLARK, *Amnios*
NURIA RUIZ DE VIÑASPRE, *El pez místico*
CASIMIRO DE BRITO, *En la vía del maestro*
JOSÉ ANTONIO CONDE, *El ángulo y la llaga*
JOHN KEATS, *Antología poética (Odas, Sonetos, Otros Poemas, La Víspera de Santa Inés)*
VV.AA., *Avanti (Poetas españoles de entresiglos XX-XXI)*
DOLAN MOR, *El idiota entre las hierbas*
DAVID ACEITUNO, *Sylvia & Ted*
MIGUEL ÁNGEL ORTIZ ALBERO, *Troupe*
JÜRI TALVET, *Del sueño, de la nieve (Antología 2001-2010)*
JOSÉ ANTONIO LABORDETA, *Mar de amor. Canciones*
ÁNGELA SERNA, *Pasos. El sueño de la piedra*
VV.AA., *Yin: Poetas aragonesas, 1960-2010*
ANTÓN CASTRO, *El paseo en bicicleta*
VV.AA., *La pared de agua. Antología de poesía bengalí contemporánea*
MOHSEN EMADI, *Las leyes de la gravedad*
CARMEN RUIZ FLETA, *Polaroid (Todos parecemos más fuertes en las fotografías)*
ROSANA ACQUARONI, *Discordia de los dóciles*
Mª ÁNGELES PÉREZ LÓPEZ, *Atavío y puñal*
FERNANDO AÍNSA, *Poder del buitre sobre sus lentas alas*
JOSÉ VERÓN GORMAZ, *Ritual del visitante*
PILAR PERIS, *Fisuras*
ALBERTO DE LACERDA, *El encantamiento (Antología poética)*
ÁNGEL GUINDA, *Rigor vitae*
ANAÍS PÉREZ LAYED, *El fuego de las sombras*
JORGE RIECHMANN, *fracasar mejor (fragmentos, interrogantes, notas, protopoemas y reflexiones)*
RAÚL CAMPOY GUILLÉN, *Etanol Mortis*
JOSÉ INFANTE, *La libertad del desengaño*
ANTÓN CASTRO, *Seducción*
LUISA MIÑANA, *Ciudades inteligentes*
ÁNGEL PETISME, *El lujo de la tristeza*
IÑIGO LINAJE, *Nunca más adiós. Ensayo para una resurrección*
ÁNGEL GUINDA, *Catedral de la Noche*
DAVID ACEITUNO, *Hogar*
NORMA SEGADES-MANIAS, *Albedrío de uróboros*
ANA LUÍSA AMARAL, *Oscuro*
MARTA DOMÍNGUEZ ALONSO, *Una hoguera en los párpados*
JAVIER RAMÓN JARNE, *La lentitud del frío*

XAVIER SEOANE, *Espiral de sombras*
ANTÓNIO OSÓRIO, *La ignorancia de la muerte*
VV.AA., *Amantes (88 poetas aragoneses)*
LUIS TAMARIT, *Metástasis I*
SHOLEH WOLPÉ, *Cómo escribir una canción de amor*
ALBERTO DE LACERDA, *Elegías de Londres*
MANUEL M. FOREGA, *Luz, más luz*
LUIS TAMARIT, *Metástasis II*
IRENE VALLEJO e INÉS RAMÓN, *La mañana descalza*
ÁNGEL GUINDA y JOSEMA CARRASCO, *Espectral. Cómic*
ELENA PALLARÉS, *Mala estrella*
CARMEN ALIAGA, *Madeleine y las otras*
MARIANO CASTRO, *El ojo y la ceniza*
JORGE MARTÍNEZ, *General Invierno*
CRISTINA GRISOLÍA, *Levedad en la piedra*
VV.AA., *Arquimesa. Poesía en aragonés escrita por mujeres*
ANTÓN CASTRO, *Vino del mar*
JOSEMA CARRASCO, *La felicidad, cariño, es para malgastarla*
JOSÉ MALVÍS, *[20 Vatios Azul Pálido]*
OLGA NOVO, *Felizidad*
ANTONIO PÉREZ MORTE, *Libre de nada, atado a la palabra*
ANTÓN CASTRO, *El cazador de ángeles*
NACHO ESCUÍN, *Nadar hasta la orilla*
JOSÉ ANTONIO SANTANO, *Madre lluvia*
ESTELA PUYUELO, *Ahora que fuimos náufragos*
JORGE MARTÍNEZ, *Tanto por destruir*
ANA MUÑOZ, *Madriguera*
JESÚS RUBIO JIMÉNEZ, *Lugares del corazón*
TERESA RAMÓN JARNE, *Amar mata*
TERE IRASTORTZA GARMENDIA, *Llenabais el mundo*
MARÍA JOSÉ SÁENZ, *Afuera hay sol*
LÉON DEUBEL, *La canción balbuciente (1899)*
ANTONIO SAGREDO, *Cantos del Moncayo*
MARÍA PAZ GUERRERO, *Ranura. Antología poética (2018-2022)*
MARÍA CODURAS BRUNA, *Enajenación transitoria*
BELÉN MATEOS, *Sabor a tránsito. Regreso al poema*
LUIS TAMARIT, *Metástasis III*
GOYA GUTIÉRREZ, *Pozo pródigo*
CARMEN BERASATEGUI, *Cosas asombrosas ocurrirán hoy*
ALEJANDRO VALERO, *Oscuridades*
ALFREDO SALDAÑA, *La acción es el frío*
CELIA CARRASCO GIL, *Rupestre*
GERARDO MARKULETA, *Leer la vida*

TERE IRASTORTZA, *Son nueve, los pájaros*
PEDRO BOSQUED, *Polonio*
ÁNGEL GUINDA, *Poemas útiles de un poeta inútil*
ESTELA PUYUELO, *Déjà vu*
ABDUL HADI SADOUN, *Escribir con* eñe. *Otros poetas en español*
TRINIDAD LUCEA, *Caperucita rota*
INMA BENÍTEZ, *Planeta piel*
ANABEL CORCÍN, *Fondo de armario. Inventario incompleto*
MIGUEL ÁNGEL VÁZQUEZ, *Más allá del bien y del mar (caniculares)*
FRANCISCO ÁLVAREZ KOKI, *Hijos de la luz y de la ira*
JOSÉ LUIS ESTEBAN, *Palabras que no he gastado*
RICARDO DÍEZ PELLEJERO, *El silencio del colibrí*
VV.AA., *Trobada retorno*
EDUARDO MOGA, *Poemas enumerativos*
FERNANDO SARRÍA, *La lluvia azul*